歷城金石志

笠僧署簽

笠僧

夏曾德金年同纂　李福鑾呂志瀛同校

後周

顏上人經幢 顯德五年二月

口淨一切惡道佛頂尊勝陁羅尼眞言曰

曩謨引婆去引誐嚩無可反啼引怛嚩二合路枳也二合鉢囉二合底尾始
瑟口二合野沒馱引野婆去引誐嚩啼引怛你也二合他唵引尾戍馱野
尾戍引馱野娑上麼鼻娑麼叁滿哆去引嚩婆去引娑娑頗二合囉拏鼻
誐底誐賀曩娑嚩二合婆去引嚩尾秫尸律反第阿上鼻詵尸譖反𠂇觀鉿
莫敢反引素誐哆嚩囉嚩嚩左曩引阿上蜜㗚二合哆鼻曬罽麼賀曼怛囉
二合跛乃阿去引賀囉阿去引庾散馱攞捉戍引馱野戍馱野誐誐曩尾
秫第鄔瑟捉二合灑尾惹野尾秫口娑賀娑囉二合囉濕茗二合散祖你
啼薩囉嚩二合怛他去引誐哆嚩路去引迦額沙上瑟吒二合播囉弭哆去引
跛哩布引囉捉薩囉嚩二合怛他去引誐哆紇哩二合娜野地瑟姹二合曩
引地瑟耻二合哆麼賀引母捺哩二合嚩日囉二合迦野僧賀哆曩尾秫
第薩囉嚩二合嚩囉拏鼻播野訥哩誐二合底波哩尾秫第鉢囉二合底
額引韈囉哆二合野阿欲秫第叁去引麼野地瑟耻二合啼麼捉啼麼捉
麼賀引麼捉怛闥哆去引部哆句引致波哩秫第尾娑普口合哩沒地
秫第惹野二合惹野尾惹野尾惹野娑麼二合囉娑麼二合囉薩囉嚩二合
沒馱引地瑟耻二合哆秫第嚩日哩二合嚩日囉二合蘖囉二合陛嚩日嚂

濟南大公印務公司印

二合婆去引嚩都麼麼稱已名若爲他人念時稱彼名人設哩嚂薩囉嚩二合難左迦野
跛哩尾秫第薩囉嚩二合譏底口哩秫第薩囉嚩二合怛他去引蘖哆去引
室者二合咯口麼濕嚩二合娑琰覩薩囉嚩二合怛他去引蘖哆㲲麼鼻濕
嚩二合娑去引地瑟恥二合啼沒地野二合實沒地野二合准上尾沒地野二合准上
尾沒地野二合准上冐駄野冐駄野尾冐駄野尾冐駄野㲲滿跢跛野
秫第薩囉嚩二合怛他去引蘖哆紇哩二合娜野第瑟姹二合曩地瑟恥二合
哆麼賀引毋捺哩二合娑嚩賀

大周棣州開元寺故宗主臨壇律大德瑯琊顏上人幢子記

登仕郎前守青州益都縣主薄劉　蟠　撰　青州龍興寺講

律僧處辭書

濟南大公印務公司印

蕩蕩無底之壑口變於硎田巍巍積秀之山亦壞於蟻壤孕人曹於六氣生老病死以難逃鍾壽域於百齡幻泡夢電而莫止

上人諱弘德棣州厭次縣人也本顓頊之垂胤迨成周之所封夷人當稱字之年聿標氏族伯禽分食菜之後益茂宗口口聖騰芳冠四科而口德行珥貂襲貫詠五君以豁襟懷大勳既著於八紘峻望克流於万古顯乎靈派粵生異人　上人幼實不群達釘教而遵釋教性門拔俗口有爲而奉無爲乃出家投開元寺故律宗知仁大德而請益焉事師之儀越於常品稽首之禮務在和顏先師默重於多能戒壇遂口於上足頓高識量復悟變通跂足空門固不礙於閈揵游心彼岸尤口適於津涯其或攺孝悌之風

口咲稱其美執謙恭之柄錫類稱其美口琴詩之妙冠蓋稱其美
遇貴無諂逢貧却哀大慈大悲絕口愛憎之念正法像法皆探究
竟之口口口口口口口口兼新章律趺座而座集有情一偈一句動
大衆天皷激越助梵音而轉高金捉縱橫制法輪而不定三千世
界宏口口口口口口口口口口口口口口口埊比謂叚戒珠於禪
室照破昏邪揮慧劍於緇林斷盡煩惱豈期道之將口口口求醫
召諸徒弟而訁曰口口口口口露口口口口口應律指木藁以必
凋言訖銜淚浩歎而啓手足焉於大周顯德二年乙卯歲六月口
日口口於本寺享年六十五僧臘口口洪鐘滅聲安口口嘉名
口口不朽於閻浮口魂口口永歸於極樂爰示遺訓奉命焚燒煙

焰亘天口金石而碎質哀聲動地瞻衣鉢以凝神三日復出於口
口口方竟披於煨燼頗獲舍利洞叶群情荊璞毀來獨遺於美玉
海蚌剖處但見於明珠今則有緣施財門人竭力以歲月之稍便
取灰骨以深口恐演說之英風與浮雲而共散遂鐫銘於翠琰俾
流水以同休蟠忝周南召南之科漏大乘小乘之趣讓請書而無
計詳行狀以揮毫辭昧簡栖甚愧於昭明太子辯非鑿齒喜奉於
彌天道安時大周顯德五年歲次戊午二月癸丑朔三日巳卯申
時建立　小師比丘　徒演　徒辯　徒政　尼鑒賢
同學臨壇律大德弘隱　法姪比丘道志　尼智佺尼正規尼妙
佺　崇勝禪院主尼廣澄尼廣慈尼廣贍尼廣善弘遠大師賜紫

尼廣智　口州報國寺弘覺大師賜紫楚賓　金符寺頁座臨
壇大德尼靈審臨壇大德尼廣進臨壇大德尼寶嚴臨壇大德尼
幽進臨壇大德尼道因臨壇大德尼廣襲　臨壇律大德惠謹
臨壇大德尼志嚴臨壇大德尼處進臨壇大德尼奉眞臨壇大
德尼雅幽尼廣超尼遇朗尼遇吾尼遇口口遇正遇眞　尼超
遇尼惠朗尼惠進尼恆惠尼超素尼恆政尼恆儼尼鑒欽尼超鑒
尼寶眞尼恆智尼超遇尼超進尼志因尼鑒賢　淨念禪院主
尼超凝尼超勝尼幼賢尼幼哲尼行超尼智能尼智嚴尼智欽智
之　青州都料匠孫唐實鐫
仩杠郎前守兗州龔丘縣主簿高濟　弟子王進　前攝長史李

濟南大公印務公司印

全鐸　弟子榮繼勳　弟子習廷嗣　前隨使押衙王鵬　弟
子孫繼榮　弟子張口珪　女弟子李氏　女弟子張氏　女弟
子劉氏女弟子劉氏　弟子石仁魯　弟子高遇　弟子蘇廷嗣
弟子盧肇女弟子王氏　女弟子丘氏　女弟子孫氏女弟子
蘇氏　前押衙通引官韓知榮　弟子孫裕弟子孫海弟子仇
詧　女弟子口氏　女弟子徐氏女弟子阮氏女弟子孫氏女弟
子孫氏　前天平軍同節度副使前口口院官韓知柔　女弟子
廿口　女弟子郭氏　女弟子仇氏　女弟子劉氏女弟子盧氏
集賢廻盈李琦　前義武軍節度隨使押衙王弘鄴　前天雄軍
隨使押衙崔志　前義武軍節度隨使押衙張仁朗　前通引官

李守文　承務郎前守錄事參軍劉光政　節度押衙前衙前
教練使銀靑光祿大夫檢挍國子祭酒兼御史大夫專鄴　團練
押衙充衙內散從官都虞候大殿功德都維那崔仁遇　承奉
郎前守大名郡臨淸縣令鹿瑩　前殿直銀靑光祿大夫檢挍太
子賓客兼監察御史武騎尉李漢筠　團練押衙充散從官左番
十將太殿功德副維那傳仁祚　前嵐州軍事判官將仕郎試
大理評事王致禹　前彰德軍節度隨使押衙習神泰　前攝口
口司馬潘知柔　前攝鄭州司馬趙德明衙前十將充散從官右
番十將張廷珪　佳時叻義功臣馬步軍都指揮使光祿大夫檢
挍尙書左僕射兼御史大夫上柱國隴西郡開國男食邑三百戶

濟南大公印務公司印

李仁遇　弟子解佳誨　弟子張瑁　弟子劉繼榮　弟子張廷
珪

右石幢八面刻高四尺每面寬五寸二分第一面上截刻佛象一下刻經文五行第二三面亦均五行第四面以後均六行每行字數多少大小不等俱正書在金石保存所

宋

呪水眞言刻石　淳化五年五月

右刻正書陰刻明萬歷間甯陽知縣王廷薦題字在縣署內井中

高直等題名　元豐元年

右題名正書五行在龍洞據法氏山左訪碑錄

誌大水摩崖崇寧四年六月

時大宋崇甯四年歲次乙酉六月十七日大水在村念法華經社遊此社頭王政丁安政　劉琮劉平李握　永記之據新修山東通志

右誌大水摩崖在歷城縣華不注山南面近山頂處據墨本高二尺半廣二尺二寸正書五行行三字至十一字不等字徑二寸餘末行以石面不平離半尺許刻之此古人以水勢常鐫山題誌今人譌為水到此處記非也此處有山廟山下望之如拳石若水到此處則滔天矣刻辭明云是日大水在村念法華經遊此永記之人猶在村念經其水不到此彰彰然也新修山東通志

濟南大公印務公司印

濟南沈君玉殘字無年月

右殘字正書在神通寺

案孫氏寰宇訪碑錄此目繫于初唐諸造象之後今考大觀四年鄭秉德等題名內有濟南沈君正同弟天粹云云疑天粹即君玉之字名與字正相配且君正君玉亦兄弟聯名之例也輒據以攷次于此法氏山左訪碑錄

潁川中和題名無年月

右題名正書五行下半缺在龍洞據法氏山左訪碑錄

正覺寺金剛經幢山左金石志

無年月正書石高七尺六寸八面圍六尺四寸在歷城縣南關

正覺寺 山左金石志

右幢刻經文七十一行字徑八分後銜名三行字徑五分不著書人姓名亦無年月可考驗其筆跡實是宋刻錢辛楣少詹云致和六年以英宗由齊州防禦使入繼升齊州爲濟南府碑稱齊州當在致和以前矣 山左金石志

金

永平寺祖師塔記 大定十三年

右祖師塔記在歷城縣東北十二里臥牛山陽永平寺南石刻四面每面高三尺餘廣九寸東南二面刻尊勝經東面額刻佛頂尊勝四大字南面額刻祖師之塔四大字其下皆經文十行

濟南大公印務公司印

行字不等西北二面刻祖師記皆十行行三十五字無額西面首行題永平院祖師記北面末行題大定十三年仲春中旬八日建四面字皆徑七八分其額字則徑二寸半皆正書也記略謂講僧維本住持維脩以其先師諱慧澄姓鄧氏濟南人出家依本府開元寺東羅漢院禮智海爲師崇甯二年受戒後於臥牛山建永平院皇統二年度弟子五十一人天德三年終春秋八十二僧臘五十五葬於此山之陽因論及祖師并諸徒弟亡歿多載土穴星葬遂爲祖師四靈同建一塔維字下徒弟共封一塔云按徒弟塔其即灌師輩塔歟 山東通志

灌師輩塔 無年月

右金灌師輩塔在歷城縣臥牛山永平寺南石高八寸廣一尺正書三行行二字字徑三寸餘文曰灌師輩僧同塔其祖師塔

大金重興玉虛觀記 年月缺 趙步雲採訪

右碑記共一千七百八十餘字後半殘泐不易辨識額四行行二字為忠翊校尉大名府館陶縣酒稅都監孫暐篆書在城南左家莊開元寺內

元

尊勝經幢 中統二年

右元經幢正書在神通寺西北 據法氏山左訪碑錄

重修太清觀記 定宗三年十月

右記楊宏道撰謝良弼八分書在歷城 據孫氏寰宇訪碑錄

濟南路參議段徽神道碑 憲宗九年己未三月

濟南路參議段徽神道碑 憲宗九年己未二月 字徑 寸 未詳 碑 尺 實

右記揚宏道撰胡良弼八分書在歷城

重修太清觀記 憲宗三年十月 左旋 神尺 山

右元濟撰正書在神通寺西北

尊勝經幢 中統二年

元

右塔二行四字徑二寸餘書法效顏體甚肖亦金人筆也在

澄和尚塔 無年月 山東通志

尤可證也

記所謂維字下徒弟共封一塔者與且與祖師塔記為一手書

正書三行行二字徑三寸餘文曰滙師董普同塔其祖師塔

右金滙師董塔在歷城縣限年山永平寺南石高八寸廣一尺

右碑張泰亨撰文及額并正書在歷城喩山據法氏山左訪碑錄

祁榮寺壽聖院殘碑無年月

右殘碑正書文內有正丁亥三字至正七年也在龍洞據法氏山左訪碑錄

察罕普華千佛山題名記

右題名無年月高一尺六寸廣二尺五寸正書已磨滅存字十行字徑二寸在城南千佛山

案元史百官志國初立提刑按察司四道首曰山東東西道至元二十八年改按察司曰肅正廉訪司此題名有山東東西道肅正廉訪司是在至元二十八年以後無疑矣元史有兩察罕

傳一仕太祖憲宗朝終都元帥領尚書省事一仕世祖仁宗朝歷官平章政事商議中書省事又有察罕帖木兒順帝至正二十二年征田豐爲王士誠所刺此題名察罕普華雖不見於史傳要知其元人無疑矣因附於至正之末山左金石志

壽聖院經幢

無年月正書高三尺六寸凡八面圍四尺八寸在歷城縣龍洞壽聖院山左金石志

右幢無建立年月朱朗齋定爲元時所刻山左金石志

永平寺立浮圖題名無年月

右浮圖題名在歷城縣臥牛山祖師塔旁石高五寸餘廣一尺

上橫列立浮圖三字下有題名二其一磨滅更下題名九可見者八皆書所職有直歲典座監寺書記知客等稱皆僧侶也可以想見此寺盛時字徑六七分似元人書 山東通志

龍洞殘字三種 無年月

右殘字三種一四行字徑三四寸不等有水亭峯界等字末行有張字一題任從禮來四字字徑寸許一題高朱徐三字俱正書在龍洞 據法氏山左訪碑錄

明

門公和尚壽塔題字 洪武二十三年五月

正覺禪寺

濟南大公印務公司印

開山住持無外和尚門公壽塔 副□□小師□□□□□ 下泐
洪武二十三年五月□□□日建 張文翰採訪

右塔首橫列正覺禪寺四字字徑二寸以下共四行第一二兩行行六字字徑一寸第三行尚存三字字徑五六分第四行十二字字徑一寸在南關山水溝東偏江蘇鄉祠南關帝廟後石已裂爲二一平置於地一倒豎廟之後壁

裴安墓誌銘幷蓋 隆慶六年十月

德府承奉副南泉裴公墓誌銘 蓋

明德府承奉副南泉裴公墓誌銘

賜進士奉議大夫山西按察司僉事濟南魯峯劉宗岱撰文 德

府長史司右長史奉政大夫河東山泉邵世祿書丹　審理所審
理正承德郎大名近川梁枝篆
按狀公諱安字清夫別號南泉世爲山西平陽府聞喜縣人晉公
之後也代有顯人華牒輝映方弱冠時選進　內庭讀書司禮授
學翰林業已通經術矣　世廟篤愛之擢典內承運庫事大用焉
會　德藩中傳員缺疏請于　天子嘉納之以公奉　勑乃抵藩
邸美丰儀閑禮度恂恂雅恪　主上見而奇之曰宮輔器也遂試
司翰專理內帑會計周詳出納惟允　眷注日隆尋遷爲門正爲
典服文紀修明壼令戒肅補袞奉章有嚴有翼藩之寮佐咸相推
與　主上賢之特薦陟承奉副併請　賜緋袍金帶蓋　殊恩也

濟南大公印務公司印

感激遭逢矢心益勵陳力攄忠宣猷秉憲導善弼正曲盡臣節積
最有年頌聲丕振允稱賢相者也方簡在　睿衷倚成久任乃宿
抱沉痾餌服罔効引辭乞休　主上慰允焉歸于私第居數日卒
矣卒之時正坐不亂群情共悲訃聞　國主痛加嗟悼　賜祭營
葬恪越尋常特遣門下鄧進張進田龍等及猶子學孔學魯學周
董治喪具罔弗如禮卜于是年十月初八日安厝于城西新阡鄉
進士宋君希哲狀厥行實屬余銘諸墓余與公交遊且久知之稔
矣可無銘耶據生于正德壬申閏五月十五日歿于隆慶六年八
月二十日享年六十有一嗚呼公抱穎毅之才負洪休之量篤忠
貞之節敦溫穆之行智以集事愼以淑身孝以奉先仁以睦族傳

跡群籍旁達世故五秩要階隨試懋績奕奕高風榮壽多祉可謂世行孔藏中貴完人者也天不憖遺老成淪謝掩幽在卽攀紼無從載筆銘詞以告來世銘曰　中條之靈降生哲英欻然以興揚于　王庭相業克成奄爾中傾欝欝佳城掩公之形不掩者名實爲永齡考徵生平昭哉茲銘 據石墨軒所藏拓本

右墓誌據拓本方二尺文連挑行寫共三十二行行三十一字字徑五分正書書法嚴整類顏平原蓋亦方二尺文四行行四字字徑四寸篆書宣統元年商埠修大馬路於古墓得此石裴姓子孫遷其墓他所而仍以石納諸墓時委員某監修馬路得拓數紙流傳人間

濟南大公印務公司印

洪教寺重脩舍利□□□記 成化五年七月

維　紀勝　□□　□□
大明國山東□南府武　□□□　□貫　董□
定州淸河□洪教　韓□　□方　徐讃
寺重脩　周□　□□　宗成
舍利□□□記　王樂　□□　韓五
成化五年七月二十五　王榮　紀□□　紀振
日建立　劉福　王智　張福慶
住持□育　□□　劉福坎　淨藏
同發心善人郭福輝　孫弋　李永　韓俊

馬福永紀口省　孫口　紀泠　王福山
口普慧紀口信　趙冈　口口　周資
長老幾青　幾宗　王名　口口　口口
淨潭　淨口　淨廣　紀口　口鑒　杜口
淨晟　淨口　淨讓　宗勝　口口　李春
淨榮　道口　道榮　節俊　口口　曹眞
道显　道智　道嵩　王璽　口冈　宋榮
口弘　成慧　思禮　張夂　口口　口口
以上正面　曹口　口口　王信
口口口　口口口　口缺　口口　口口　口口

濟南大公印務公司印

口口口　口口口　口缺　口男　口口　李口
口友　口口信　口缺　口口　口口永　口口
口妙口　口口元　馬妙缺　口施　口口　口口口
李慧玉　口誠玉　口口口　口口　口口　口口
王慧安　口能　口慧口　以上左側
口口　周氏　口福泰　吳福寬　口福口
李慧賢　王慧口　宋氏　口安　楊成口　李福江
宋慧香　口妙善　卜妙口　李福得　楊原　李福口
曹慧善　李妙貴　張妙口　口福成　孫釒口　口口政
口慧安　口慧善　金氏　周口廣　蔡剛口　張福口

口慧木　張妙容　宋氏　口福景　蘇恆口　張貴
口妙善　馮氏　郭口口　口口業　張三　張智
口妙安　口氏　口口寶　口口口　張清
以上背面
李剛　口口　朱福口
蘇成熊　王謹　黃口
李刂　李口　李志口
張鐸　馬口　王子華
口福智　薛源口　薛福海
口普名　王六口　王福勝
口福口　韓鳳口　劉口

濟南大公印務公司印

口順　楊鍘　王福口
李福王　郭福口　口玉
郭福明　宗能　張慱
石匠　朱口
朱口
朱口
以上右側

右石座四面刻均高七寸三分橫一尺九寸正書字徑九分至五六分不等在金石保存所

新建山東按察分司碑記 成化二十一年十一月

新建山東按察分司之記 額

賜進士出身奉政大夫奉 勑提督山東學校按察司僉事潘

禎撰文 賜進士出身嘉議大夫山東按察司按察使石渠書丹

賜進士出身中憲大夫山東按察司副使許進篆額

泰山東蟠滄海北斷聳爲靈巖諸峯又北行起爲歷山古舜耕之地今爲濟南城而山東按察司正居其上以所臨地廣乃分六府爲濟南東兗海右三道歲各一官以分巡之外有巡海管屯提學又各一官以分臨之歸則皆於總司因循歲久事至缺分理之居乃成化二十一年適副使袁公端分蒞濟南慨然欲爲按察分司

濟南大公印務公司印

以理其事乃請諸按察使石公渠副使許公進張公玘僉事劉公璋侯公恂羅公睿暨禎僉以是舉誠可謂補前人之缺知爲政之本乃相地於總司東偏乃市厥材乃鳩厥工乃作厥堂暨厥廂厥門又於地之東偏爲厥退公之居間凡三十有一其制宏偉壯觀高下適宜越三月功成而民不知勞謂禎與斯文宜有以記其事禎曰是邦乃古齊魯之地山有泰岳之高水有滄溟之深人有孔子之聖孔子正三綱五常以教萬世剏爲政是邦其可以不師耶孔子曰其身正不令而行其身不正雖令不從吾徒茍能惟淸惟愼惟公惟勤以正其身則將不令而行風裁凜然直與泰山同高滄海同深則居是司不其稱耶若或是汙是縱是私是怠不正其

身則雖令不從豈特爲公道之羞抑亦爲　聖世蒼生之憂則
居是司不其愧耶禎不文請以是言刻諸石以示無窮袁公蘭陽
人由進士歷陞今官廉靜有聲凡有行皆可書此特其一云
大明成化二十一年歲次乙巳冬十一月吉立石

碑陰

朱安
刁達
督工官　鐫字石匠刁悦
木匠袁茂
徐宣

濟南大公印務公司印

碑陰

濟南府知府蔡晟
同知衛英　黃勷
老人李福
通判徐三省　王璹
張祐　孟讓
推官柴山
歷城縣縣丞周玉　泥瓦匠李開
土工吳洪

右碑連額高六尺七寸寬二尺四寸五分額篆書二行行五字字徑二寸三分文十九行每行連挑格四十字正書字徑一寸碑陰額閒横題碑陰二字正書字徑二寸三分下刻題

名二列上列八行下列十行正書字徑一寸在運署土穀祠

國朝

重建城隍廟碑記 順治二年乙酉四月

重建城隍廟碑記

入國門而瞻祠廟焉君子之政治可知矣古之君子成民而致力於神蓋民神之主也雨暘寒暑爲民而祈圭璧豆籩爲民而報君子之敬共明神凡以乂安其民也故是守土之職祀爲大祀典之脩城隍爲大城隍之祀厥惟舊哉城以衛民隍以輔城緣城隍而有神之名緣神而有廟之建緣廟而有像之設緣像而有爵之封于是乎所謂城隍之神乃著彼夫五祀之禮皆祭於其所而後迎之于奧若城隍者尊埒于社稷山川秩越于門戶中霤井竈是未可祭於所而迎于奧也故特作廟以祀之壯麗其觀輝煌其制以赫聲靈以昭美報蓋其慎也濟南之有城隍廟也建自明興基托乎歷下而靈爽攝乎全齊爵崇乎上公而祀事掌于郡守都城有覲五郡不得比崇袞冕有嚴百神于焉受職於都盛哉三百年來脩凡五舉然踵事增華而無改其故卽撤舊圖新而非翻厥初已卯燬後歲輒洊災時詘未易舉贏謀曰因而弗果壬午濟守尹公始其事 明大中丞錢山曰公以城守之故發願重新之捐金錢貳百緡自 藩封直指藩臬大吏以曁紳衿士民咸有佽助錢令尹銳意圖成張羽士黽勉襄事垂一載有奇至甲申季夏而止

濟南大公印務公司印

殿乃成制崇于昔觀美于舊然而力亦殫矣神像雖設袞舄尙未華也從衛雖列羽仗尙未飾也棟宇雖嚴丹靑赭堊尙未加也満廟雖穆翼廈重軒尙未營也羽士憂憂乎難之時維八月杪郡伯武林吳公以刑曹郎來蒞兹土謁廟瞻神顧瞻法像遂毅然任之曰此太守事也乃與別駕趙公童公司李鍾公令尹朱公各捐貲繪神像而金碧之徧從神而采飾之建前軒而經營之神像開光之舉　直指子亨朱公涖焉簷軒楣額之舉　大中丞歐餘方公臨焉　鹽臺震公吳公欣然樂助焉若藩司王公李公高公臬司胡公房公王公張公都閫蘇公李公張公鹺司蘇公及屬吏咸有助以故規制崇巍威靈赫奕稱鉅觀云已而郡伯令尹相與謀曰

前廟後寢古之制也今寢殿未成其何以肅神威而隆昭報迨經營伊始值　新直指卦嵐李公驄馬東來百度維新聞斯役也亟斥朱提以觀厥成而署司李天來董公又樂捐貲于是前廟後殿盡如昔制濟南士民瞻禮廟貌靡不舉手加額頌　諸上臺郡伯令尹之功徵文郝子誌不朽郝子曰斯眞可謂敬共神明者矣敬共之顯築口口深敬共之微考宮肅祀敬共之文奠圭薦牲敬共之實勤政恤民郡伯吳公下車席未暇煖卽條數事見諸施行又設勸誡數則以化導民所謂成民而致力于神非貺口以謙沖神所福豈弟神所勞艱難困苦茹荼飲冰神所鑒口治馨香神聽和平奕奕新廟神必格之若吳公者眞可謂敬共明神者矣吾故肅

瞻祠貌而知公之政治焉公諱文幟浙江錢塘人其先休甯人庚
辰特用口刑部雲南四川湖廣司郎中陞今官原任山東學憲吳
公邦相猶子木鐸俎豆五馬奐輪蓋世濟厥美云　　旹
歲在乙酉孟夏清和月之吉　賜同進士出身原任兵科給事中
郡人郝　綗撰　濟南守吳文幟書

右碑高五尺二寸寬二尺四寸記文分五層刻毎層二十三
行行十字連挑格或十一二字碑不書年號末題乙酉孟夏
清和月實爲順治二年四月在督城隍廟

山東運司蠲課記略　康熙九年二月

山東運司奉　旨蠲課碑記略　額

山東都轉運鹽使司兼理鹽法道運使加三級魏裔魯蠲課記略
康熙三年二月初九日巡撫部院周案驗爲　朝廷之德音久懸
督撫之奏報未速仰祈　勅部嚴察早沛　皇仁以安民生事
准戶部咨題覆山西道監察御史甯條議奏稱直隷各省節口催
徵不得拖欠各項錢糧甚多本部題覆咨行各直省督撫查報至
今未聞督撫報到宜嚴加察議遵限題結者卽行議覆違限報遲
者卽行　叅等語臣部口經通行督撫查報在案今查各督撫有
經題明寬限者有已經報到見在議覆者亦有未經報到者今旣
經臺臣所請口應請　勅各省督撫嚴催速報以憑口覆可也等
因具題奉　旨依議欽此咨行到院案行到司該本司看得臺臣

濟南大公印務公司印

前疏原爲拖欠錢糧起見併無灶課字樣第口商灶亦屬　朝廷
赤子案查本司逋欠鹽課錢糧口口催徵不得順治元年起至十
四年止蒙鹽院田題明分作四年口徵以十分計算每年帶徵二
分五厘自十六年帶徵起至康熙元年止雖奉　旨帶徵有稍可
完口者嚴比之下卽行全完口實不能完納者卽日加敲朴終屬
無益況沿海殘灶前遭于逆之變十室九空正課蕩分艱難口逋
奚堪併追更有順治十五年至康熙元年節年拖欠再三口催嚴
刑口比完解家家州縣徒受叅罰場官日見黜革口思民灶皆屬
赤子民戶屢奉蠲免商灶未霑　皇恩今既奉憲行淸查催徵
不得錢糧誠商灶口生之日下情上達之時也合無請祈憲臺亟

爲商灶請命口口　大口以便造册另詳題報倘蒙　皇口一
視同仁允照民例豁免則國家無虛懸之課商灶無積逋之累州
縣各官免蹈叅罰矣等因呈詳督撫鹽三院蒙撫院周批仰通詳
督鹽兩院酌口行口蒙督口口批鹽課逋欠應否題口前經會議
奉　旨甚明仰候口鹽兩院批示行繳蒙鹽院賈批據詳商灶拖
欠銀兩盡屬逃亡難追轉請口口援例除豁第查蠲免錢糧雖屢
奉　恩詔其商灶字樣併未開載本院卽念切東運口口亦未便
輕爲入告該司既奉撫院行查可否援照民例在撫院自有成見
該司仍備確詳一呈撫院一呈本院以憑口口酌題繳蒙此本司
隨具確詳復呈兩院蒙鹽院賈批候據前詳酌題繳雖經詳批未

蒙具題本司復具詳文內云康熙口年口月二十九日奉　上諭
順治十五年以前拖欠一應銀米藥材緞疋絹布等項錢糧俱著
一槩蠲免欽此遵行是十五年以前拖欠一應民糧一槩蠲免矣
且殘灶亦屬　朝廷赤子拖欠亦是丁地錢糧　皇恩如是浩
蕩積逋未經奏聞　皇上何自而知逋課未蠲商灶困於追呼
耶相應請祈口口口爲口請　命援照民例題豁以甦殘灶以廣
皇仁等因呈詳撫鹽兩院蒙撫口口口　上諭內云鹽課
非係徵收地丁之賦難以蠲免等語據詳灶丁拖欠口口口口糧
無異仰詳鹽院會題繳蒙此又蒙鹽院賈批候會題繳至康熙四
年四月二十七日蒙鹽院李案驗爲商灶困苦已極積逋追比難
完仰祈亟賜具題援例蠲免以廣　皇仁奉都察院口口准戶
部咨題覆巡鹽御史賈題前事奉　旨戶部議奏欽此該臣等查
得巡鹽御史賈疏稱山東商灶錢糧節年各有拖欠見在一二商
人皆產盡力竭運司非不嚴刑敲朴其口法無可追與催徵不得
之例實難口視至於拖欠在灶者總屬　朝廷之土地赤子在民
丁民地已沐蠲免之　皇恩而灶丁灶地未得邀一視之仁歷
年積逋勢難催徵各商灶紛紛哀控情實可憐等因具題請豁前
來查山東運司自順治十四年以前節年舊欠等銀臣部口口口
順治十六年爲始分作四年帶徵至今帶徵之期已過仍口能完
又自順治十五年以後每年俱有拖欠今口口口口稱山東運司

濟南大公印務公司印

商灶節年拖欠銀兩催徵不得但疏內併口拖欠年分款項數目
臣部難以懸議應請 勅下該御史將拖欠年分款項數目併逃
亡商灶姓名確口造册送部以憑酌議可也等因具題奉 旨依
議欽此抄部咨院案行到司蒙此遵依造册呈送外康熙五年正
月十八日蒙監院李案驗爲商灶困苦已極等事奉都察院勘劄
准戶部咨題覆巡鹽御史李疏册內開順治元年減一徵二銀口
口二百八十二兩三錢三分零臣部備查順治元二三年未完引
課俱于順治口年口口口口 旨蠲免無庸再議今自順治四年
起至十四年止實該未完銀三萬二千二百五十六兩六錢零又
册開自順治十四年以後至口八年止逃亡商課等銀共三萬八

濟南大公印務公司印

千九百一十二兩八錢七分零又册開順治元年起至口口年止
各縣場逃亡灶戶拖欠銀共三萬九千二百八兩九分零以上共
未完銀十口萬七百七十七兩零口口商灶逃亡無可追口查不
口口殘地方商灶逃亡錢糧併未蠲免且口催徵不得案內錢糧
口口口口口口口口之積欠一時不能並徵今酌量自康熙五年
爲始每年帶徵二萬口口口口口口口口口口口恭候口命口臣
部遵奉施行等因題覆奉 旨這節年拖欠錢糧經管官員任內
錢糧未完有無陞去者著察明具奏欽此口口口拖欠鹽課有蠲
免者亦有不蠲免口口著追銀兩口否催徵著再議具奏欽此該
臣等復查得山東運司商灶錢糧口口口元年口口口口年止節

年各有拖欠從前經管未完各官俱于年終奏銷每年請　勅吏
部口口有案順治十八年以前未完錢糧經管各官尚未定有留
任新例康熙元年以後未完各官俱照新例不許赴其新任口口
東福口口口口口因頻年用兵地方荒殘准其蠲免今山東省商
灶積欠銀兩臣部查不係荒殘地方商灶逃亡錢糧併未蠲免且
非催徵不得案內錢糧議於每年帶徵銀二萬兩今奉旨這節年
拖欠銀糧經管官員任內錢糧未完有無陞去者著察明具奏其
此等節年拖欠鹽課有蠲免者亦有不蠲免徵收者這銀兩應否
徵收著再議具奏欽此臣等酌量再議得該省順治四五六年未
完引課銀三萬七千二百二十四兩七錢零又順治元年起至八

年止未完票價等項灶課銀共一萬四千二百五十四兩七錢零
以上係遠年逃亡商灶無徵銀兩且奉有鹽課積逋催徵不得者
酌察明亦准酌量蠲免之　恩詔相符免其追徵其順治九年
起至十八年止商課共未完銀四萬三千九百四十四兩七錢零
灶課共未完銀二萬四千九百五十三兩三錢零以上係近年逃
亡商灶之銀仍照前議自康熙五年爲始每年帶徵銀二萬兩仍
行令該御史運司責令見在商灶每年設法追徵不得再有拖欠
可也恭候　命下臣部遵奉施行等因康熙四年十二月初八日
題本月初十日奉　旨依議欽此遵將順治元年起至十八年止
未完商灶銀兩自康熙五年設法帶徵至康熙八年帶徵全完俱

各解部而東省二十年積逋一清從此商灶庶有息肩之日有司
可無柰罰之累矣碑口
大清康熙九年歲次庚戌仲春二月吉日立石
碑陰題名
王大有 郭壯 耿中 劉方順 范貞 張猷
王大成 李湛 張文盛 鄭茂 范吉 周復興
王弘 李杲嘉 杜和羹 蔣德 趙太 張祥
王自新 范文凡 杜復興 李友桐 趙裕 曹國祚
薛寶 宋斑 杜和春 朱文祥 楊興 楊森
王惠 王禮 杜吉昌 朱發祥 柳芳盛 張恆
王國柱 張吉盛 許裴 李吉祥 李全盛 申猷

濟南大公印務公司印

馮吉祥 趙鼎 張九如 李永 孫立英 侯印
王重 范國新 丁吉祥 王國富 侯鎮 王復新
王昇 范祥 劉章 周奉 劉鴻宗 李永年
許私哲 弯潤 張全德 梁棟 王承恩 王琦
王利 李棟 張大來 任愉 龔興 孫興旺
王國振 楊芳名 張天福 劉世榮 吳永茂 辛悅
楊聲遠 楊復 張天祿 張世義 郭用來 賈復興
楊成棟 燕盛 南標 劉鎰 張大來 陳世昌
楊楨 李應祥 王和 李茂盛 劉宗宴 趙弘毅 常新
口口商人楊恆 鄭方 鄧毓 牛當興 王欽南 衛宣 范吉恆
楊天延 趙廣 霍大來 牛章魁 蔡徐寶 衛宜中 孔育

楊天麻　劉　愚　王　禎　趙　恆　喬　楝　任　治　鮑　茂

景新盛　申　谷　王全盛　李　利　石　珍　任則尹

任輔盛　李　梓　常　盛　李　眞　劉　仁　申　諫

任　澤　葉　旺　陶玉聲　原恒茂　劉　吉　申　策

宋翊明　李若檜　常　茂　原恆昌　劉發祥　曹　璽

段永盛　丘多益　吳　興　郜澤和　魏成周　王自立

王立基　李鵬程　陳　茂　高　榮　李　盛　吉　人

靳　相　李先得　于更新　李　玫　洪　盛　吉　張

李恒升　李　灝　楊從龍　周文芃　吳永恆　范允升

張五美　金　遠　王　良　楊中興　王茂隆　李鍾琪

吉禎祥　衛復□　王　順　崔萬鎰　趙　昇　程　遠

濟南大公印務公司印

李玉文　王　典　張永鎮　李　忻　朱永祥　王　範

李　檜　王　炳　范　貢　劉恆升　劉永興　趙　榮

李　楷　王運通　田月盛　呂　源　李戴盛　范　利

雜科林光輝　武　均

經管錢糧書辦總科張　錫　張士偉

支科殷如璋　陳世藩

右碑高七尺二寸寬二尺八寸五分記共三十六行行八十六字陰刻題名七列上六列俱三十二行末一列四行題名後又刻各科書辦名三行字徑六分均正書額篆書二行首行五字次行六字字徑二寸強碑在運署土穀祠內

隸書急就篇續石刻　乾隆二十四

隸書急就篇續

粵稽漢碑述敎古 粵稽漢碑述隸古 出劉寬孔龢仙友題字校官司晨劉夫人楊淮司晨劉夫人碑 埶會宦鑒實難顧 埶會穿鑿實難顧 出武榮樊早實道

禮殿平輿令王君鄉首樊敏碑 通勑辯揉寧佔諡 通敕辨揉寧作譜 出鄭閣頌史晨景北海元賓夏扶頌孔耽孫叔敖碑 禕隮後遁逮禪舉 委蛇逡巡棲遲舉

首二字衡方次二字鄭固次二字婁壽末字周憬碑 厤宂鴟 歷沈豫 出蔡湛韓敕鄭旻碑 岱岳 嶽山 登山嶽 出費汎衷良衡方碑 丕乾川 巴乾坤 出武榮下並孔龢碑 玨金玉

濮金王 出孔耽宋恩楊統碑 服蕭𢿱 服蕭獄 出魯峻石經尚書繁陽令碑 敲泗肉 獻酒肉 出李翊張晉左晨碑 外藝叢 外藝叢 出史晨張遷殷阮碑 宅朮罕 中成皋

出劉脩孔耽韓勑碑 堣臨萬 隅臨濁 出熊君衡方武斑碑 㯳泉昆 撫京兆 出孔宙並戚伯著碑 聘賢喆 聘賢哲 出陳球孔耽朱龜碑 致龎麒 致龍麟 出西狹頌唐扶頌

實道碑 敎螟蚸 殺螟蟥 出武梁祠畫像並孫叔敖碑 讃丑寅 讚丑寅 出句石神君楊統郭旻碑 爵祿職 爵祿職 出婁壽孔謙曹全碑 封遷授 封遷授 出無極山景北

海唐扶頌碑 辟縣令 辟縣令 出祝睦王稚子闕夏承碑 拜督郵 拜督郵 出曹全並景北海碑 慶戰勝 慶戰勝 出靈臺天井道張遷碑 克兵寇 克兵寇 出楊統魏上尊

號奏陳球碑 敎化流 敎化流 出孔龢富春丞韓勑碑 遐邇覆 遐邇覆 出斥彰長田君碑 競雙企 競雙企 出繁陽令吳仲山張遷碑 算斤兩 算斤兩 出張遷巴官鐵

盆銘用憬碑 養苙苞 養苣若 出孫根季翊夫人斥彰長碑 遠棘羨 遠棘莽 出羊竇道梁休唐公房碑 矜鰥寡 矜鰥寡 出石經論語景北海唐扶頌碑 哀凋喪 哀凋喪

濟南大公印務公司印

出柳敏張表曹全碑 定諡 定誄謚 出張遷嚴訢婁壽碑 資熒塋 資塋塋 出柳敏馮緄孫叔敖碑 眉髮舌齒頰頤臆 眉髮舌齒頰頤臆 首二字出李翊夫人次出

樊安孫叔敖馮君闕道鄭固平都相蔣君碑 睠念欣憂痛憤惻 睠念欣憂痛憤惻 出馮江鄭闕孔耽度尚武榮樊安孔耽碑 龔鄭佩薛殷姬王 龔鄭臧薛殷姬

王 出韓勑鄭子真楊統平輿令張遷鄭固夏承碑 廬盧棡楯欑梁闌 廬盧闌楯欑梁闌 出史晨韓勑柳敏堯廟高彪張表帝堯碑 領頸鴻鷹鵠鷙鴞 鷹鵰鴻鴈

鴻鷹鷗 首二字出李翊夫人次出周憬次二字出衡方餘出張公神景北海碑 書僮急就輿庶幾 書僮急就其庶幾 出華山亭張公神白石神君逸橋劉脩夏承費鳳碑

洪景伯取漢隸變體作急就篇得百二十五字余孝婁氏字原

叅以近出諸碑續爲此篇復得百六十字張遷碑八月荚民都

元敬釋作莢錢竹汀學士據後漢書皇后紀八月算人定爲算

字今從之

已卯長夏長山學瀆井復民桂复

歷下楊敬鐫

右石高二尺九寸寬一尺七寸五分文十四行隸書字徑八

分每句下雙行小註正書字徑三分文後桂氏跋二行行書
字徑三分在趵突泉呂祖祠後院

濟南運署也可園記 乾隆五十四年九月

也可園記

濟南運使治所廨宇之後有隙地焉舊蕪不治兩總阿公以歲戊申涖官修墜振疲惟日孜孜不遑自暇逸其於居處觀游之適泊如也越明年政事咸理人吏浹和其春夏雨膏霑足歲以大稔物阜且康公以休沐之日顧其地而樂之始命薙奧草劚塗壤既闢既夷樸斲既塗於是廳堂軒廡之制略具功不旬月而蕆焉已乃延客入觀而告之曰吾之於此也因高以爲垤就深以爲池無輂

山溝磵之勞也刳木以爲椽剪茅以爲茨無雕甍刻梲之華也借鄰樹以爲蔭錯衢巷以爲址無山原林麓嶔崟窈邃之觀也然而於是娛賓於是偃息幸在公無事將以寄我志焉其爲我名之惟公起家作吏南北之大邑劇郡所至皆舉其職今之治鹺也若小鮮然餘力之所及猶且遲之以歲月事必無侈於前而但期無廢於後凡遊於斯者或羽觴飛翔絲竹合沓宴衎既娛主人與衆賓作爲歌詩互唱迭賡喁喁于于見公之志坦以和或爐香茗盌雅集劇談几案四壁間圖史書畫盈焉皆夙所嗜也見公之志精以粹或升邱而眺焉奇石綺錯爲峯岫爲洞穴者離立雜坐詭狀異態見公之志曠以遠或俯沼以窺焉懸溜爲瀑沸沫爲泉淸泠激

越之聲不絕於欄牖春夏佳日碧藻暎色芙蕖敷華見公之志潔以芳又或嘉樹繁於春葩時花茂於露姿鳴禽引吭而下上頡鱗躍波而唼喋萬象涵泳莫不暢遂見公之志在字人而孚惠然則公所施設無所之而不可茲園特其寄焉者也是宜以也可名既以復於公公喜且命爲之記而刻於石

乾隆五十四年歲在己酉九秋之吉

嘉禾周升桓譔并書

右石高一尺一寸五分橫四尺記文四十四行行字數不等行書字徑四分在運署也可園後北壁

文昌閣記 乾隆五十六年二月

濟南大公印務公司印

歷城東嶽廟文昌閣記

賜進士出身翰林院編修邑人周永年撰

賜同進士出身長山縣訓導曲阜桂馥書

海內士大夫罔不倣文昌之祀相傳鄉會試黜陟進退胥神主之故奉事綦嚴或以爲此道流之傅會不足信也予曰竹垞彝谷之文辨矣而其考核尚有未盡者周官大宗伯以槱燎祀司中司命注先鄭云司命文昌宮星康成則謂司中司命文昌第五第四星此文昌之祀之掌於春官者也小司寇孟冬祀司民獻民數於王注司民星名謂軒轅角於祀司民而獻民數重民也司民掌登萬民之數及三年大比王拜受之登於天府注先鄭云文昌宮三台

屬軒轅角相與爲體近文昌爲司命次司中次司祿次司民疏謂
三年大比年年民數皆有增減此祀文昌以獻民數之掌於秋官
者也地官鄉大夫三年則大比考其德行道藝而興賢者能者厥
明鄉老及鄉大夫群吏獻賢能之書於王王再拜受之登於天府
注司農云興賢能若今舉孝廉茂才夫三年大比而獻民數其中
賢者能者久別異而書於鄉師黨正矣豈獻民數則告於神而獻
賢能之書反不告乎其於經即無明文而可比類以得之司民之
神先後鄭注互異而軒轅角與文昌相近則謂文昌六星與軒轅
角大民小民之星共司其事可也然則道家之說實昉於此而非
出於傅會至於一十七世爲士大夫身事近忽恍然謂在周爲張

仲以孝友之人上配文昌之星而因以主士子之予奪與周官六
德六行之教幽明正相表裏此即五行之神配以五人帝之義而
其理固章章不可誣也吾邑南門外舊有東嶽廟大壂之右有文
昌壂道士胡常喜謀移建於艮隅邑人士醵金成之吾友楊子果
亭致書來索予文因即竹垞蔡谷之說而更考之以著於碑
乾隆五十有六年辛亥春二月戍
刻者楊敬時年七十七

右碑高二尺零二分橫四尺三寸文二十六行行十八字字
徑九分八分書在東嶽廟文昌閣

鐵公祠碑 乾隆五十七年七月

山東學政大興翁方綱撰幷書丹篆額

右碑高六尺二寸寬二尺四寸記十五行行連挑格四十字正書字徑一寸額篆書鐵公祠記四字字徑二寸五六分在鐵公祠

佛公祠碑 乾隆五十七年七月

山東學政大興翁方綱撰幷書丹篆額

右碑高六尺四寸寬二尺三寸記十四行行連挑格四十字正書字徑一寸額篆書佛公祠記四字字徑二寸五六分在佛公祠

濟南大公印務公司印

翁覃溪小滄浪記 乾隆五十七年壬子七月

北平翁方綱撰幷書

右石高二尺四寸橫五尺八寸記二十七行行十字行書字徑一寸在小滄浪按小滄浪爲阿雨窗都轉與鐵公佛公二祠同時修建記文後題乾隆壬子卽乾隆五十七年也

潭西精舍記 乾隆五十八年

潭西精舍記

歷城西門外唐賀國公故宅一夕化爲淵卽五龍潭也潭之名始見於于欽齊乘其言曰水經注濼水北爲大明湖西有大明寺水成淨池池上有亭卽北渚也今名五龍潭潭上有五龍廟亭則廢矣按池上亭卽水經注所稱客亭在趵突泉西北何得以潭爲淨

池大明湖在古歷城西南今誤以城內歷水陂當之北渚亭亦不
在潭上曾子固北城閒步詩云飽食城頭信意行又云便起高亭
臨北渚蘇子由北渚亭詩云西湖已過北華汀未厭相攜上古城
晁旡咎北渚亭賦序云嘗登北渚之址則羣峰屹然列於林上城
郭井閭皆在其下據三家之言則亭在北城上無疑于氏不知淨
池填爲平地迺移客亭及北渚於潭上跡矣今潭上五龍廟猶在
吾友陳君明軒嘉其水木之勝與小香二香諸君募錢於潭西架
屋爲游息地屬予記之元遺山言濟南樓觀甲天下多無能指其
處因念翼公甲第連雲一旦爲神物奪去今以一瓦一椽託之潭
上幾何不與頽垣廢址同歸烏有雖然諸君旅人也寄興而已後
人於煙水榛莽間追尋我輩游蹟或亦有感於遺山之言也夫
乾隆五十八年在癸丑暮春之初曲阜馥馥記

刻者楊敬時年七十又九

偃師武億寫稷下之歲與鳳臺胥燕亭繩武吳江陸古愚繩長
州沈二香默過龍潭看桂君書石君固以藝自累而予四人好
奇之癖亦不免爲世詬病也億記

右石刻高一尺七寸橫三尺八寸五分記分二層刻上層三
十二行下層二十八行俱每行七字八分書記後刻武虛谷
跋五行正書在潭西精舍

陸服夫詩稿石刻 乾隆五十八年

濟南大公印務公司印

陪遊繹山未造絕頂趙太常貽詩見懊輒依來韻奉訓閏三月下浣

魯國西南萬石堆邾婁近郭翠屏開自來造化鍾神秀聖域賢關
此降才

紀侯城闕廢成堆獨見蒼崖疊嶂開于役暫過難久駐何人騎鶴
詫仙才

異石縱橫夾路堆白雲曉散洞門開五華勝處支笻入還仗登高
作賦才

新泰過敖山簡趙鹿泉口口二月中浣

一峯秀出翠雲堆使者經臨眼倍開泰岱兒孫千百輩獨標麟角

濟南大公印務公司印

是眞才

右陸脤夫中丞癸卯之歲官山東方伯時和趙學使詩草稿閱十
一年嗣君古愚出示於濟南適有老叟楊敬年及八十能刻小字
因屬鉤勒上石鈐於潭西精舍壁曲阜後學桂馥書

嗚呼已矣億後先生之卒近且十年乃官於此不復從先生口
學爲吏而循玩手題益爲之欷噓也乾隆五十八年三月廿六
日偃師武億記

朗夫先生詩晚年删存止二卷此稿乃集外之詩手蹟所在致
足寶也前三首註閏三月後一首註二月當是稿紙有餘因幷
錄原作故自註如此公子古愚將鐫於石或以易次爲請予謂

仍先生之舊讀者自能以意求之耳癸丑四月三日鳳臺後學

胥繩武跋

右石刻高九寸二分橫二尺詩幷跋共二十四行行字數大
小不等行書在潭西精舍

竹根羅漢龕題額 乾隆五十九年

竹根三昧尊者之龕

陸直之以竹根羅漢見欠伸像者送潭西供奉翁閣學題作竹根
三昧今募錢爲設此龕齋心書額幷說偈曰
竹有時醉佛有時睡拔除鈍根節節智慧然一龕鐙萬千世界大
衆虛心歷刼不壞

濟南大公印務公司印

乾隆五十九年淸明日桂复月依和南

右石刻高一尺三寸五分橫三尺前題額四行行二字八分
書字徑五寸三分後刻小記偈文八行行書字徑一寸左右
在潭西精舍

蘇常義冢記 乾隆五十九年十月

蘇常義冢記

賜同進士出身同知東昌府事天津吳人驥撰

賜同進士出身濟南府長山縣訓導曲阜桂馥書

余友沈二香以同人公置蘇常二郡義冢地屬余記其事噫歟此
善舉也余何敢以不文辭爰爲之記曰生人不幸而飢驅而旅游

又不幸而夭札而災癘極不幸而終鮮兄弟幷無室家以至游魂無所旅櫬無歸求所謂靑麦在郊荒煢宿草者且不可得何累累也當其初亦有同旅以及友朋尚能報其親昝而晢其鄉里久之而厝於廟暴於野蕪莫識其生何姓居何止夐夐家室有求其死所而不知者又可悲也苟非鄉之人爲之安其體魄誌其姓氏記其里居則異日者將安所指其虛而知其爲某某耶則義冢之設豈惟是薶骨掩骴之爲誠不可以不亟亟也顧事有見所當爲而不能爲者有得所爲而不善於爲者亦有得所爲善於爲而或未能計及於久遠者皆籌事之所難逆料者也然而見所當爲而不得其人卽得其人抑或詘於力卽有人與力而一時未能克竟其功事怠於垂成力虧於善後然則舉一事而謀於始計於終成於久者蓋若斯之難也今諸君以蘇常二郡人之在東省者向無義地請於觀察宋公泰守徐公邑宰吳公倡始其事復有福中丞捐貲助其成於歷城南郊買地十八畝收客死之柩而葬焉明界止以防侵占議規條以計久長是誠可謂見當爲而爲且得所爲而善於爲幷能爲之而計友於久遠者良足書也若夫日增月益則仍不能無望於踵事者焉遂援筆而爲之記如此

乾隆五十九年歲在甲寅十月乙卯朔建　徐九章楊先壽沈秉默吳宸察書　刻者楊敬

右碑高五尺零五分寬二尺二寸記十七行行三十九字字

濟南大公印務公司印

徑一寸二分八分書在城南江蘇義地

歷山銘 額 乾隆六十年七月

乾隆六十年龍集單閼七月庚戌朔

起居注日講官　文淵閣直閣事詹事府詹事提督山東學政儀

徵阮元游登歷山勒銘樂石其詞曰

登此翠微堂基戴石岱麓分陰嫣田啓陌雷雨坐生峯巒競碧樓

駕三重压縣百尺繞庿虹落窔閣雲飛碑頭六代松要十圍岑落

藉屐天華滿衣隥隨客意嵐成佛煇下涌泉原淸交水木湖平鏡

揩城回帶曲野氣沈村林煙隱屋兩畝同秋千塍共綠平原似海

曉日開天燕齊道直蓬萊景圓山栖壽佛臺降飛僊後之來者亦

百千年　曲阜桂馥書

右碑連額高三尺五寸五分寬一尺六寸文十行行二十字

字徑一寸三分額橫列三字字徑四寸俱八分書在千佛山

濟南大公印務公司印

小滄浪亭雅集詩序石刻 乾隆六十年

小滄浪亭雅集詩序

小滄浪亭在明湖西北隅即昔之北渚也魚鳥沉浮水木明瑟白

蓮彌望靑山嚮人每至此渺然有江湖之思乙卯夏馬秋藥前輩

桂未谷顏運生兩廣文同在濼源書院武虛谷寓此亭朱朗齋寓

四照樓二君與元同纂山東金石適孫淵如同年前輩拜兗沂曹

濟觀察之
命元以詩促其速之官云濟南池館傍湖開湖上西風且漫催萬
朵荷華五名士一時齊望使君來觀察報詩云扶容池館報華開
驛騎傳詩一夕催不爲時需訪碑使也應天與聚星來未谷和詩
云湖裏蓮華四照開道旁驛騎遞相催人間天上中秋近可要乘
槎犯斗來緣湖中華事將殘最後得碧蓮一枝四朵并蒂適觀察
以足疾遲至秋半始由天津汎舟來濟南未谷詩後二語似爲
兆者八月中旬元又奉
命移任浙江與觀察諸君子屢宴此亭惟未谷以赴銓北上而余
伯扶周曼亭兩同年元和陸直之錢塘何夢華歙縣吳南薌鄭研

齋益都段赤亭歷城郭小華一時同爲坐上之客斯時秋蘆作華
湖山淸斂相與捧手題詮極一時詩酒之盛此後觀察與曼亭將
之兗州元與朗齋夢華南下秋藥運生北行虛谷伯扶諸君多有
去歷下者湖亭風月屬之後來者管領人生聚散之感最多斯其
一矣因屬小華作圖并記事蹟凡有作者繼此書之

儀徵阮元書

右石刻高二尺四寸五分橫五尺二寸文三十二行行十五
字字徑一寸三分八分書在小滄浪

殘坫篆書庾開府行雨山吹臺山望美人山三銘 嘉慶十六年 辛未正月
銘文不錄

吾友錢獻之坫篆書爲今代絕手嘗鐫小印云斯冰之後直至小生其書實遠出宋元明諸名家之上晚年病偏廢用左手作篆因叅呂古文奇字不復茂美如當時矣每爲余作篆皆不愜意而稱拙書姿致故欲以古拙爭勝比庾信東宮行雨山吹臺山望美人山三銘寫于關中節署天骨開張有垂裳佩玉之度猶未病時右手所作嘉慶癸亥歲與獻之晤于吳門索其舊跡許爲刊石後以見寄藏之行笈久矣辛未正月蔣明府因培愛而刻石以廣其傳並喜爲予完故人宿諾因跋於後云時六月廿二日安德道署平津館孫星衍記陸繩書　歷下楊溥勒石

右刻凡二石俱高三尺八寸五分寬二尺零二分兩面刻篆

銘俱六行行十字字徑二寸七分銘後刻孫淵如跋六行行三十九字八分書字徑七分在金泉精舍

何蝯叟書進學解　咸豐六年九月

進學解　文不錄

丙辰九月廿九日書於濟南紹巷

右刻凡四石俱高一尺橫二尺九寸五分每石二十四行行八字正書字徑七分在第一師範學校

重修運署也可園記　咸豐八年十月

重修運署也可園記

園創始於乾隆己酉距今蓋七十年矣今

上登極之五年余莅茲任於時東省軍事初平河漲爲患鹾務稍弛國帑未充即所居官舍猶草草葺治未遑他及也其後三年政通人和　大府持大體弗隱其衷弗掣其肘凡所施爲若網之在綱若裘之挈領雖未敢云百廢俱舉要亦有其舉之莫敢廢也園歷年久日漸荒圮於是謀所以新之蕪者芟之狹者廣之崎嶇者夷使平傾毀者完使固零奇者連合之經直者紆曲之如春雨山房蘋香室好風涼月軒雖仍舊基而功倍新作至於曲池湫泉集翠灑然諸勝亦俱爲之疏濬補綴惟平臺射堂鶴夢軒故址無存則亦從而闕之蓋鳩工庀材始於是年秋至冬乃蕆事吏之老而更事者見之以爲適還當年之舊觀焉噫粤氛不靖大江南北流離轉徙民久弗奠厥居回首閩疆上游數郡輒遭兵燹蹂躪幾遍衽席於水火諸大吏督師征討即有燕閒退息之所度弗獲一朝居茲役也余非侈游觀躭晏逸第念有基勿壞不忍使七十年之勝蹟遂就湮沒故經營督造不惜費亦不憚勞然非服官三年之久庶務漸次就理安得以其餘暇興土木園之不廢亦略足徵其無事矣繼茲任者春秋佳日冠蓋如雲流連觴詠歌舞昇平誠樂土之盛事也得無於園有餘思乎所冀時加修葺勿視所居如傳舍庶幾茲園可歷久而不廢是則園之幸抑尤余之幸也咸豐八年戊午孟冬閩南陳景亮記

右石高一尺二寸五分横二尺八寸記文二十四行行連挑

格二十四字正書字徑四分在運署也可園

重修歷下亭記 咸豐九年

重修歷下亭記

廢者興之毀者成之事之常也特廢之甚或至蕩然無存毀之甚或至不可收拾則其興之成之也較難若基址猶留規模尚在因而振之此固反古復始者所幸爲事半而功倍也元遺山謂濟南樓觀甲天下歷下亭尤稱勝賞然攷志乘及諸家詩文知唐宋金元間此亭所在互異今之亭未必仍宋元以來之舊而相習以爲卽杜少陵題詩之亭是耶非耶明自李滄溟修葺後百五十年廢爲邱墟

國朝李中丞興祖得艾氏遺產重新焉嗣都轉羅公正楊公宏俊相繼各有興作道光辛丑吾鄉楊方伯慶琛復籌款修之距今甫二十年已漸就傾圮日久將彌甚名勝之就堙官斯土者之責也余因請於中丞覺羅崇公謀諸僚友籌及鹽筴羨餘得制錢三千緡鳩工庀材屬張司馬槃董其事亭中向有

純廟御書扁額

御製詩碑又有泛舟湖濱

御詩碑在司家馬頭今敬移亭前其月臺傾廢重建西偏上下繞以迴廊復就月臺故基增置照廳三間亭在湖心水齧易毀岸加巨石環以木樁臺榭廊廡及繚垣外柵腐陊撓折者易焉漫漶不

濟南大公印務公司印

鮮者飾焉閱四月而告成非侈游觀差慰懷古之情云爾抑余竊
幸斯亭尙易爲力故得而爲之也使如前代互易所在而創始以
爲之不大難耶夫天下事之及時可爲者豈獨斯亭也歟
咸豐九年歲次已未仲夏月　閩縣陳景亮譔　道州何紹基書

右碑高一尺六寸四分橫三尺九寸六分記三十七行行十
四字正書字徑六分在歷下亭

何蝯叟歷下亭詩刻 咸豐九年六月

陳弼夫都轉同年重修古歷下亭以六月十六日落成招飲
屬紀以詩同坐者嵇春原方存之朱時齋牛仲遠

當時北海宴工部海右此亭已稱古員外雖營結構新臺觀之舊

何年所堂堂更閱千餘歲代有廢興增仰俛天然勝境留湖山家
廓高名仍李杜福州陳君濟時傑家世誦芬傳治譜卅年歇歷涉
中外滿身才望資文武懷賢諏古寓襟抱振廢修殘得根矩高情
澹蕩落湖水薄俸翩然化亭宇湖惟
純廟屢巡方步趨
仁皇勤續緒濟南勝處
御題徧湖上頻煩
宸翰咀 濟南趵突泉珍珠泉千佛山舜廟白雪樓皆有高宗御詩碑而大明湖題一首春暮遊歷下亭三首題鵲華橋絕句三首登匯波亭有作一首皆在湖上作春暮游歷下詩碑恭建亭中今亭既重修又從司家馬頭移大明湖題一碑恭立於大門外
欽瞻兩碣星斗聯勢犴層霄龍鳳舞百年禮樂今猶昔

三代憂勤
孫紹
祖遊豫徒勞望翠華艱虞更益廑
當宁十年
宵旰無暇逸四海瘡痍但悽楚今茲旱乾異常歲坐見千里成赤
土可憐菽麥盡枯倒又看蝗蝻生翅股五月望後雨始來直自京
畿浹齊魯連宵徹旦恣酣渥久鬱一舒成莽鹵兼旬畏景復焦迫
萬隴雛嬰待甘乳欣逢昨夜再沾洽恰與前番相助補計從仲夏
得雨初亭子經營事斤斧今朝工罷芳宴開天與滂沱潤軒廡快
聞夷艘焚海上又報捷書走江浦卽看天下洗兵馬何止山東多

濟南大公印務公司印

黍稌穹蒼有意蘇疲民福應從茲歸
哲主小臣閑放坐迂濶終年悲喜相錯迕敢云一日戀琴尊會見
九州樂干羽衆賓跌宕負文采相與脫略遺簪組結屋或在菰蘆
鄉尋盟早入鷗鳧侶謂春源仲遠半湖晴靄乍開合四山夕陽爭媚嫵
是時十六月正望水鏡閒靄照初鼓煙雲斂盡夜光滿荷芰無聲
暗香吐主人見謂宜有詩匪曰落成仍喜雨詩成紙上露珠生字
字光明定堪煮
歷城陳浩刻石
咸豐九年歲在己未督史氏道州何紹基譔并書於濼源講社
右石刻高一尺四寸橫二尺八寸三十九行行二十字正書

字徑四分在歷下亭

說文統系圖 光緒十年十二月

說文統系第一圖 篆額橫書

光緒九年季秋道出黃縣仲彝舍人出是圖索題曩余借蔣子良給諫藏本屬葉蘭臺農部重臨今獲見原圖留觀逾歲屬門下士諸城尹明經彭壽手摹上石寘之泲南使院以展夙尙而詔來學從前阮文達視學吾浙曾刻許鄭二君象於西湖詁經精舍此邦亦文達論文地院中遺蹟猶存是舉儻亦前賢志乎時同觀者元和祁孝廉肇麟江茂才標吳錢明經國祥孫茂才傳鳳十年十二月錢塘汪鳴鑾篆耑幷識

羅山人聘爲桂明經馥畫說文統系圖圖凡八人其最老人許愼也扶掖左右者江式顏之推也接踵三賢之後者李陽冰也後之肩隨若偶語者徐鉉徐鍇兄弟也爲道士服者張有也眇一目跛一足者吾邱衍也桂君深於小學故圖此爲羹墻之思焉愚按許氏之學實傳於賈逵則賈逵不可不圖也愼之子冲上說文解字於孝安之朝洒傳其書則許冲不可不圖也陽冰之猶子騰集書爲說文字原則李騰不可不圖也郭忠恕書小字說文字原並撰汗簡則忠恕不可不圖也顧野王玉篇亦羽翼說文則野王不可不圖也準之配食之義有升有黜今王諸賢有升無黜亦以昌明絕學小有盭戾不妨並錄也乾隆四十

四年十月辛亥朔吳人張塤記

桂明經馥因羅山人聘爲說文統系圖許君之後繼以江式顏之推李陽冰徐鉉徐鍇張有吾邱衍凡七人余同年張舍人塤復欲增入賈逵許沖顧野王李騰郭忠恕五人余按古專家之學傳述之者代有其人見於各史藝文志備矣然未有爲之圖者桂君專心說文且爲此圖以置諸坐右其篤信好學可謂加人一等矣第名之曰說文統系則凡傳述許君之學者皆不可缺漏考隋書經籍志梁有演說文一卷庾儼默注宋史藝文志有僧曇域補說文三十卷及錢承志說文正隸三十卷玉海稱吳淑好篆籀取說文有字義者千八百餘條撰說文五義三卷

濟南大公印務公司印

又李燾有說文五音韻譜十二卷及朱翺之作反切句中正葛湍王惟恭之同掌修校皆不可不圖者也若夫原本許君之書而別爲一書者甚衆顧野王江式顏之推張有吾邱衍而外圖之不可勝圖許君之學本於賈逵逵之學本於其父徽徽本於劉歆塗惲謝曼卿三人說文所載有劉歆賈逵杜林等十餘人之說圖之亦不可勝圖凡此皆不必圖者也余之去取大略如此未知有當否也上章困敦壯月之五日高郵王念孫書

未谷通說文學去許君千載猶旦莫也屬羅山人爲作圖圖許君并圖江式而下七人皆如漢經師之恪守家法者此特意之所到而已非謂昌明其道者止此數人也未谷或將別爲一書

以明淵原所漸則不惟在許君後者當補而幷當遠溯之義頗矣吾獨謂未谷胡不具已於其中以爲之主人乎近代詩人之圖少陵香山東坡者已有倜而未谷不爲此剿誠缺叓耳昔乾隆四十有五年良月杭東里人盧文弨於　京邸題

說文成于永元十二年庚子是圖裝成爲乾隆四十五年庚子桂馥譔記

右揚州羅聘兩峯爲曲阜桂馥未谷作說文統系之圖北平翁方綱題記

道光廿三年二月望日長洲王大堉曲阜鄭憲銓孔憲彝憲庚日照許瀚同觀于韓齋瀚書

東漢太尉祭酒許慎叔重五代史志載其書凡三種五經異義十卷說文十五卷淮南子注二十一卷傳於今者皆非完書獨說文尚有專本淮南子注唐時與高誘注並行宋時高本題許慎記上晁子止陳直齋幾莫能辨五經異義不見宋人著錄當並亡於五季其遺文之散見他書者往往與說文相發嘗欲抄撮以備一家之學異義有先我爲者淮南子注則無人焉曲阜桂君未谷治經宗漢學尤貫穿說文凡諸書所引一一剌取以見異同余勸其幷搜淮南子注未谷近繪說文統系第二圖以許君爲主配以江法安顏介六七人論者進此退彼言人人殊余思許君從賈景伯受古學常見推於馬季長范史儒林傳曰

五經無雙許叔重說文自敍曰其偁易孟氏書孔氏詩毛氏禮周官春秋左氏論語孝經皆古文也子冲上書亦云臣父慎又撰具孝經孔氏古文說一篇自鄭康成駁異議魏晉諸儒莫有中許而難鄭者何其說文之學三千年統系不絕而其經學獨微與抑所教者小黃門孟生李喜等傳之非其人與旣讀常道將華陽國志有曰明章之世牂牁郡毋斂人尹珍字道眞以生遐裔未漸庠序乃遠從汝南許叔重受五經還以教授於是南域始有學焉嗚呼許君小學流傳中土其經學遠播邛笮五夷之表不毛閩濮之鄉視康成之東歸不少讓異時未谷繪許氏授經圖高第弟子道眞其人哉道眞其人哉歸安丁杰原名錦鴻謹跋

昌黎因作文而習小學韓齋主人借觀此圖有年矣知其人孝其書自然有得今欲題之屬爲識焉　道光丁未季秋月書於東昌郡齋　武原朱錦琮

是卷藏韓齋七年今仍歸之道光丁未九秋孔憲彝識

羅兩峯爲桂未谷作說文統系圖　雨山太師見而愛之者數矣咸豐二年歲次壬子三月上巳日得之無意中深慰平生之願余亦幸此圖之得所也　太史於如園十長物盦藏古器十事其室額卽桂書兩美相合亦千載之一遇云　上巳後五日書於十長物盦之南牕下岀牡丹盛開名花名筆色澤相輝洵

足賞心悅目也武水珊洲氏王寶昌記并書

右曲阜桂氏所牿說文統系圖詳見當時諸家各題字業已言人人殊蒙按圖緣始於說文許君前斷無可圖許君後非專治許書者誼不得入其書又當以見存目擊者爲斷　國朝爲許學者甚夥又當以專門有心得者爲斷如是則許君後止應圖南唐徐鉉徐鍇二人　國朝應入圖者祇段玉裁王筠二人嫡子耳孫當承血食若桂馥嚴可均止當如張有之坿祀配食耳圖中人亦寥寥不繁多矣許君當日爲古文家說文亦專重古文引古器眞品文字證說文王氏筠始發之嚴氏可均說文翼亦未成書又近今朝鮮人朴珪壽之弟著說文翼證與嚴氏王

氏遙合然皆據阮吳諸款識舊文僞器謬釋牽混拉雜若弗省識厥失惟均後之眞通古文識眞器者當師承其意匡正其說便當據此圖中一席也光緒二年國子監司業錢唐汪鳴鑾既奏請許君從祀孔子廟廷部議上得　旨允准矣惜許君生卒年月既無可攷又無唐宋人據舊本畫象不得見其威儀爲可慼也此桂氏說文統系第一圖舊藏曲阜孔氏今歸黃縣　仲彝三兄戊寅春三月將入蜀前二日懿榮記於　京師

歷城于壽海棻石

右石高四尺五寸寬二尺一寸舊藏學院今歸金石保存所

悠然亭記 光緒十七年六月

悠然亭記

余既延榮成孫佩南先生主講尚志書院越明年先生相地所宜構亭於金線泉之東南學使裕壽田侍郎一日登臨其上遙望城南千佛諸山若張屏若繚垣神游意得爰取淵明詩語命曰悠然亭先生以名進士由刑曹改官縣令歷宰宿松合肥所至著聲績一旦乞假歸里論道講藝爲邦人士矜式其志節之高固有無往不自得者而學使孜孜於求人才培士氣以報
朝廷其於奉使之職一無所愧故胸次昭曠舉無留滯其蘊於心寓於目者罔非悠然之理與悠然之境蓋兩君者以道義相親固宜其有合也昔周澱山作亭於馬鞍山陽歸熙甫實爲之記以爲

澱山未能忘世而其自忘者如此欲從問所以悠然者夷攷澱山當日負有爲之才退居吳淞其所謂悠然者特寄耳今斯亭也命名雖同而所以悠然者不同余亦數陪清游因紬繹悠然之義而抒其所見卽質之學使與先生以爲何如也時光緒十有七年歲次辛卯六月巡撫山東使者張曜記

右碑高一尺四寸五分橫三尺九寸記文二十九行行十二字正書字徑九分在金泉精舍

附

舊刻佛遺教經

右刻凡二石均方廣一尺三寸每石俱五面刻字在金石保

附周越文彥博劉摯等跋

趙子昂書陶靖節年譜

沙門宗朗摹帖

余家舊藏顏魯公所書誥一通及顛張醉素草書冬一卷皆前代搜羅未得者乃天下之寶也天下之寶當與天下共之什襲何爲乎摹而勒諸石以傳於世趙松雪書陶靖節年譜一卷足以追配幷摹刻之又沙門宗朗善臨摹有所倣諸家書往往神似非依樣葫蘆者余愛之亦附刻以示家塾中小孫子輩初學書者工竣余方出守郎陽馬首西去因念東坡墨寶堂記學書者紙費學醫者人費學爲政之費人甚於醫不覺凜然於先生

存所

陸繼之墓積帖殘石

右殘石高一尺橫一尺八寸止存信可樂也以下十八行在

金石保存所

朱氏家藏刻帖

張長史草書李太白答從姪於遺洲樂溫先生倉圜殘上砝元

代拓羅本得者乃天下之寶也天下之寶當與天下共之什襲

向為李家而物譜有以傳於世迨數十年而鄰舖譜一卷足

以追配并摹刻之又於門宗廟諸臨摹有所做論家書往往神

似非依據諸家者余愛之亦嗣刻以示家中小子能十學初

書者工愛余方由于此陽言西去因念東坡畫贊記學書

各識賢學隱者入之及為學人甚於醫不覺家然於先生

之有以教我也遂書以爲跋康熙戊寅冬十月廿有四日魚丘朱綵

右刻帖共二十八石高一尺橫長短不等舊藏濟南朱氏今在金石保存所

孫虔禮書譜序稿 垂拱三年 附陳奕禧釋文

右唐孫虔禮書譜序稿代爲墨林所寶相傳宋太清樓祕閣續帖俱有刻本余留心訪求迄未之見惟見停雲館所刻耳丙戌歲從眞定梁相國家得此眞蹟如獲至寶上有宋佑陵題籤並宣政諸璽第漢末伯英下少一百六十六字又心不猒精下少三十字未審何時闕佚余朝夕披對想見前賢苦心著述垂數

千言其精神貫注原欲經世行遠使後之學者得所依歸故吳傳朋云學書當以過庭爲指南不虛也以視停雲館所刻眞有豪釐千里之異念文氏父子以書著名兼擅鉤摹而其門下士章簡甫鐵筆最工何至徑庭乃爾當從他本翻刻以致失眞而余救正之心遂不容已爰重勒上石復慮草難辨未能人人盡解適香泉陳太守改補南安假道津門停舟過余沽水草堂因出此卷相與品閱作釋文一冊附之於後雖不敢謂有功後世庶幾不負古人虔禮有知亦當許我麓村安岐謹識并書

孫過庭字虔禮陳留人或云富陽人武后時官至率府錄事參軍好古博雅工文辭得名翰墨草書咄咄逼羲獻妙能用筆儁

拔剛斷出於天才評者以爲丹崖絕壑筆勢堅勁所著書譜序上卷凡四千言纘述作字之旨遡古邁今追微闡妙窮極論議體勢筆法發露殆無遺蘊而所謂譜者必尙有所製及下卷文字今皆不傳余從幼學焚膏繼晷日臨一遍其篇中難識如變篆咎糾等字並參悟而得稍後方遇刻本對勘乃信無差且爲逐字較正既詳解其辭復深味其義已歷四十年所頗惜自宋元明累朝以還究心其書者蓋少戊子八月余改補南安守途出天津與安子麓邨相晤出書譜序墨本共賞驚歎率府手跡千餘載猶在人間乃是眞定梁蒼巖相國北平孫退谷侍郞家藏物兩端有宣和政和小璽本自內府散落展閱覺點畫頓

挫轉折變化之機一如至契重逢歡欣復聚毫無間然洵爲海內難得之至寶有神物憑護留傳至今得以不朽而遇我麓邨愛重而珍祕之也因思書家之所以不能人人解者良由草書未通輒從疎澗麓邨遂泥余作釋文一册余雖行迫然而心之所好餘業皆空輒爲停舟十日兼用蘭亭聖教法書以應之且將率府譜內婆心傳示筆法關竅之處一一點出麓邨急欲付諸樂石訪善手鉤摹合眞草爲一以公同好如此盛事固屬機緣遲早成就有時絕不可强考夫文氏停雲館收鐫吾家司寇從祖亦曾別刻皆未注明此本一出今而後率府之苦志經營始得彰明於後學神氣所聚非期而遇曠代相感豈偶然哉麓

郘學問淹通深於精鑒毅然發此弘願其爲功不小矣廿六日

海甯陳奕禧幷記

按孫虔禮書譜序墨蹟舊爲孫退谷所藏後歸眞定梁蒼巖相國轉入安麓邨沽水草堂陳香泉太守爲作釋文麓村因延吳中名手顧庭如與子覲侯至津精摹上石康熙五十五年刻成實遠出停雲館刻本之上祕閣太淸而後以此爲書譜最精之本乾隆間此石歸歙人汪廷璋汪氏後人又以贈同里江春後歸歷城李氏淸愛堂今藏汪氏

蘇東坡送家安國教授成都詩刻

詩不錄

黃太史有言東坡居士立朝而意在東山合觀所賦郭熙平遠則有聲句中可以想見惟公之生眉山草木衣被聲光盛矣況家氏之才子兼資文武著績縉紳偉然于元祐碑中蓋其筮仕之初已蒙文忠印正則知公之所以範模後進與家氏之所以步趨前修有以增岷峨之高浚錦水之淸矣三復敬歎乃書

至元辛巳秋分石澗陳宗

畫禪室隨筆載坡公書赤壁賦云其坡書盡處隱隱有聚墨痕如黍米珠予觀此帖用墨之妙亦如此更不止盡處通體皆然正如秦漢銅器斑駁陸離自饒古色雅趣蓋猶畫家之有焦墨也墨法之妙無過於此者　北海于祉燕受氏識

右詩刻凡三石高一尺一寸前二石橫二尺後一石橫一尺

詩十八行行書字徑七分在金石保存所

濟南大公印務公司印

歷城金石志卷二終

右詩刻凡三石高一尺一寸前二石廣二尺後一石廣一尺

詩十八行行書字徑七分在金石保存所

濟南大公印務公司印

歷城金石志卷二終

《歷城金石志》影印説明

金石是傳承中華古代文明的重要載體之一，金石在傳統文化中佔有重要的位置，保存和豐富了我國的歷史文化及其藝術價值，成為我國極其寶貴的歷史檔案和藝術寶庫。金盛于夏、商、周三代，石自秦、漢以來日豐。秦及西漢石刻記載和流傳下來的不多，東漢以後，石刻大量出現。石刻不僅可以考證古籍記載的錯誤，還能裨補歷史文化中的缺漏，而且在石刻文字中還可考索都邑的興衰沿革，這些往往是其他方志中所不能言者，或言之而未盡者。金石為研究我國歷代的政治、經濟、軍事、社會、歷史、人物、書法、繪畫藝術等提供了豐富的資料，也是珍貴的歷史文化遺產。隨著金石數量的不斷增加，著録金石的書籍開始出現，現存最早的專著是宋歐陽修《集古録跋尾》。兩宋時期，是金石學發展的第一個高峰期，在這個時期，著録金石的專著開始增多。清代是金石學發展的又一高峰期，著録金石的專著之多更是前代所不能比及。

「金石志」是記録金石的文字，包括刻於鐘鼎、戈戟、量度、雜器、泉刀、璽印、鏡鑒、碑碣瓦甎等器物上的文字。「金石志」是供人們鑒賞、研究金石碑刻的專門性志書。《歷城金石志》為民國《續修歷城縣志》中的「金石考」第三十一卷和第三十二卷。夏曾德、夏金年纂輯，線裝。所收録的金石均屬於當時的歷城縣，所録金石的年代上起三代，下至明清，按所收金石年代分為二卷：卷一起自商代至於唐代，卷二起自後周至於清代。所收金石的內容具有一定的參考價值，尤其是如《重建城隍廟碑記》（順治二年乙酉四月）等，今已不存，故而其碑文均有頗為珍貴的文獻價值和史料價值。

夏曾德，字魯生，歷城人；夏金年，字麗生，夏曾德之弟。為便於廣為流傳和使用，纂輯者在民國十三年（一九二四）夏，利用《續修歷城縣志》的書版，將《續修歷城縣志·金石考》交由濟南大公印務公司單獨刊印成冊，並定名為《歷城金石志》。

濟南市圖書館和濟南出版社為了保存文獻的原貌，對《歷城金石志》採用仿真影印的再造方式重印再版。既能將這一文獻化身千百，永無失傳之虞，又可廣泛傳播，便於披覽研讀，從而達到「繼絕存真，傳本揚學」的目的，解決了珍貴文獻藏與用的矛盾。

濟南市圖書館　濟南出版社

二〇一六年三月

圖書在版編目 (CIP) 數據

歷城金石志 / 夏曾德，夏金年纂；李福鑾，呂志瀛
校. — 濟南 : 濟南出版社，2016.3
ISBN 978-7-5488-2031-4

Ⅰ. ①歷… Ⅱ. ①夏… ②夏… ③李… ④呂… Ⅲ.
①金石－匯編－濟南市 Ⅳ. ①K877.22

中國版本圖書館 CIP 數據核字 (2016) 第 047919 號

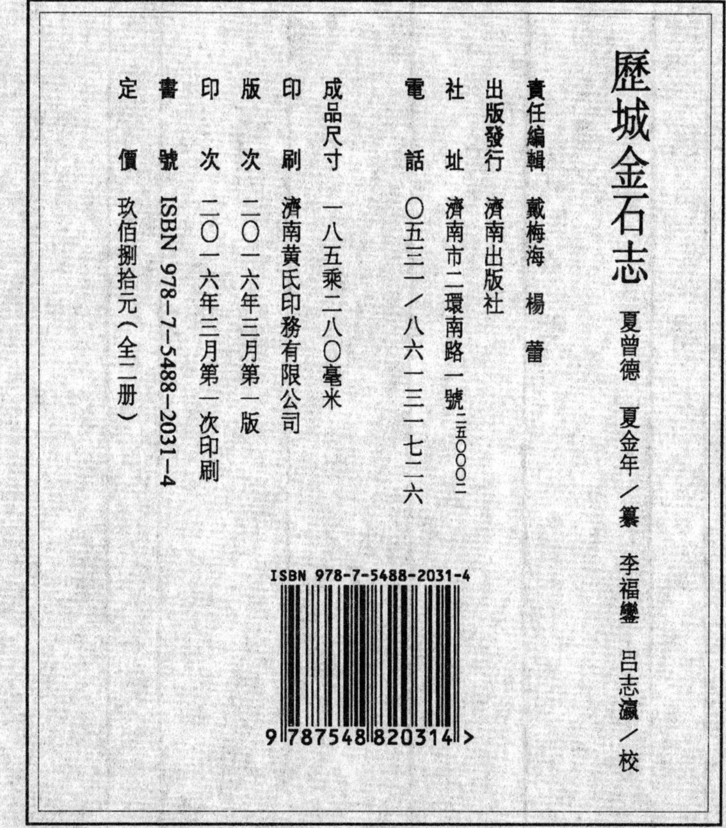

歷城金石志
夏曾德 夏金年／纂 李福鑾 呂志瀛／校

責任編輯 戴梅海 楊 蕾
出版發行 濟南出版社
社　　址 濟南市二環南路一號 二五〇〇〇二
電　　話 〇五三一／八六一三一七二六
成品尺寸 一八五乘二八〇毫米
印　　刷 濟南黄氏印務有限公司
版　　次 二〇一六年三月第一版
印　　次 二〇一六年三月第一次印刷
書　　號 ISBN 978-7-5488-2031-4
定　　價 玖佰捌拾元（全二册）

ISBN 978-7-5488-2031-4
9 787548 820314 >